BEI GRIN MACHT SICH IHR WISSEN BEZAHLT

- Wir veröffentlichen Ihre Hausarbeit, Bachelor- und Masterarbeit

- Ihr eigenes eBook und Buch - weltweit in allen wichtigen Shops

- Verdienen Sie an jedem Verkauf

Jetzt bei www.GRIN.com hochladen und kostenlos publizieren

Bibliografische Information der Deutschen Nationalbibliothek:

Die Deutsche Bibliothek verzeichnet diese Publikation in der Deutschen National-
bibliografie; detaillierte bibliografische Daten sind im Internet über http://dnb.d-
nb.de/ abrufbar.

Dieses Werk sowie alle darin enthaltenen einzelnen Beiträge und Abbildungen
sind urheberrechtlich geschützt. Jede Verwertung, die nicht ausdrücklich vom
Urheberrechtsschutz zugelassen ist, bedarf der vorherigen Zustimmung des Verla-
ges. Das gilt insbesondere für Vervielfältigungen, Bearbeitungen, Übersetzungen,
Mikroverfilmungen, Auswertungen durch Datenbanken und für die Einspeicherung
und Verarbeitung in elektronische Systeme. Alle Rechte, auch die des auszugsweisen
Nachdrucks, der fotomechanischen Wiedergabe (einschließlich Mikrokopie) sowie
der Auswertung durch Datenbanken oder ähnliche Einrichtungen, vorbehalten.

Impressum:

Copyright © 2016 GRIN Verlag
Druck und Bindung: Books on Demand GmbH, Norderstedt Germany
ISBN: 9783668217171

Dieses Buch bei GRIN:

https://www.grin.com/document/322549

Michael Pleister

„Unterwerfung" von Michel Houellebecq. Ein Monolog mit Edgar Selge. Anmerkungen zum Werk in der Inszenierung am Deutschen Schauspielhaus Hamburg

Mit einer anschließenden Verlautbarung zum Thema „Zuwanderung, Demokratie und Rechtsstaat"

GRIN Verlag

GRIN - Your knowledge has value

Der GRIN Verlag publiziert seit 1998 wissenschaftliche Arbeiten von Studenten, Hochschullehrern und anderen Akademikern als eBook und gedrucktes Buch. Die Verlagswebsite www.grin.com ist die ideale Plattform zur Veröffentlichung von Hausarbeiten, Abschlussarbeiten, wissenschaftlichen Aufsätzen, Dissertationen und Fachbüchern.

Besuchen Sie uns im Internet:

http://www.grin.com/

http://www.facebook.com/grincom

http://www.twitter.com/grin_com

Michael Pleister

„Unterwerfung" von Michel Houellebecq

Ein Monolog mit Edgar Selge

Anmerkungen zum Werk in der Inszenierung am Deutschen Schauspielhaus Hamburg

Mit einer anschließenden Verlautbarung zum Thema „Zuwanderung, Demokratie und Rechtsstaat"

2., durchgesehene und um einen Zusatztext erweiterte Auflage

Michael Pleister

„Unterwerfung" von Michel Houellebecq

Ein Monolog mit Edgar Selge

Anmerkungen zum Werk in der Inszenierung am Deutschen Schauspielhaus Hamburg

Regie: Karin Beier

Uraufführung am 06.02.2016

[…]

Paris im Jahre 2022: Straßenschlachten zwischen Extremisten heizen das politische Klima auf. Der Front National hat gewaltigen Zulauf. Um zu verhindern, dass er als stärkste Partei den Präsidenten stellt, koalieren die liberalen bürgerlichen Parteien mit einer gemäßigt islamischen Partei. Der Plan geht auf: In den Élysée-Palast zieht Frankreichs erster muslimischer Präsident ein. Was diese durchaus realistische Zukunftsprognose Houellebecqs erst zum Skandalon macht, ist, wie sich binnen weniger Monate das öffentliche Leben ohne jeden Widerstand wandelt. Die islamische Bruderschaft, die Frankreich wie eine bankrottgegangene Firma übernimmt, errichtet kein totalitäres Regime wie bei Huxley oder Orwell. Machtübernahme und Wandel vollziehen sich vollkommen unspektakulär, demokratisch und legal. […] Und die Bevölkerung nimmt die islamischen Gebote und Verbote genauso hin, wie sie bisher Quotenregelungen, Steuererhöhungen, Mülltrennungsgebote oder die Privatisierung öffentlicher Dienste akzeptiert hat.

[…]

(http://www.schauspielhaus.de/de_DE/repertoire/unterwerfung.1052787)
(letzter Abruf: Mai 2016) [1]

Die Aufführung des oben genannten Bühnenstückes, das auf einen Roman von Michel Houellebecq zurückgeht, wird augenblicklich von Theaterbesuchern, Kommentatoren und Rezensenten mit viel Interesse verfolgt. Die Vorstellungen am Schauspielhaus in Hamburg sind gut besucht und nicht nur das, nach Bekanntgabe der Aufführungstermine sogar ziemlich schnell restlos ausverkauft. Zurückzuführen ist dies höchstwahrscheinlich auf die Vermutung seitens des Publikums, hier ginge es um Zusammenhänge oder auch nur Aspekte mit aktuellem Zeitbezug, um Parallelen und Analogien zu Vorgängen, die sich in der Lebensrealität derzeit zutragen oder in vermeintlich realistischer Einschätzung ereignen könnten, hier drehe es sich um

---

[1] Anmerkung zu den Hyperlinks: Auf nähere Angaben, was Autor, Quelle und Zeit anbelangt, wird weitgehend verzichtet; diesbezügliche Informationen sind den Originalquellen selbst nach Betätigung der entsprechenden Hyperlinks zu entnehmen!

1

Handlungsmomente, denen ein gewisses Maß an Wahrscheinlichkeit und Wirklichkeitsnähe durchaus abzugewinnen sei. Ein prominentes Bühnenstück wie das vorliegende findet natürlich viel Resonanz im Schrifttum, insbesondere im Journalismus, genauer gesagt im Bereich professioneller Theaterkritik, wie sie dem Feuilleton der Medien zu entnehmen ist. Dem Leser seien aus drei Rezensionen Zitate anheimgegeben, die zumindest einen – wenn auch nur äußerst knappen - Einblick in das hier zur Diskussion stehende literarische Werk bezüglich „Machart", Aufführungspraxis und Deutung zulassen:

"Soumission - Unterwerfung" von Michel Houellebecq war der vielleicht meistdiskutierte Roman des vergangenen Jahres. Er erschien am Tag des Anschlags auf "Charlie Hebdo" und entwirft spielerisch die Vision einer islamischen Republik Frankreich im Jahr 2022. Am Samstagabend hat Karin Beier, die Intendantin des Deutschen Schauspielhauses in Hamburg, den Roman erstmals auf die Bühne gebracht.
[…]
Dabei bleiben Karin Beier und ihre Dramaturgin Rita Thiele, abgesehen von den für eine Aufführung erforderlichen Kürzungen, ganz dicht an der Vorlage. Und es zeigt sich, dass Houellebecqs geschliffener, süffiger Sprachwitz sehr gut auch für die Bühne geeignet ist. (http://www.ndr.de/kultur/Unterwerfung-mit-Edgar-Selge,unterwerfung130.html) (letzter Abruf: Mai 2016)

Michel Houellebecqs jüngster Roman "Unterwerfung" über ein fiktives Frankreich in der Zukunft hat irritiert. Am Deutschen Schauspielhaus in Hamburg inszeniert Karin Beier die Vorlage als einen Monolog, vorgetragen von Edgar Selge. Mit dem Ergebnis: riesiger Beifall.
[…]
Mehrere Dinge macht diese so kluge wie geradlinige Roman-Verdichtung klar: Die schnellen Vorwürfe, Houellebecqs Buch sei islamophob, sind völlig absurd. Die These, die europäische Kultur sei bereits an sich selbst gestorben, wirkt in diesen Tagen nachgerade prophetisch. Und die Geschwindigkeit, mit der Männer im Kampf um die politische Macht auf Frauenrechte zu verzichten bereit sind, sollte uns mehr aufrütteln, als das bislang geschehen ist. (http://www.deutschlandfunk.de/unterwerfung-am-deutschen-schauspielhaus-kluge-wie.691.de.html?dram:article_id=344890) (letzter Abruf: Mai 2016)

Das wichtigste Requisit des Abends ist das Kreuz, das es nicht gibt. Vor den Zuschauern im Deutschen Schauspielhaus wächst eine schwarze Wand in den Bühnenhimmel, in die eine große, bewegliche Scheibe eingelassen ist. Aus ihr hat der Bühnenbildner Olaf Altmann eine große kreuzförmige Öffnung herausgeschnitten. Das Kreuz ist abwesend, es hat sich buchstäblich in Luft aufgelöst. Zurückgeblieben sind nur noch seine Umrisse. Sie markieren die Leere und den Abgrund, die es hinterlassen hat. Dies ist das Vakuum, in dem Edgar Selge als Michel Houellebecqs Erzählerfigur François sich in den folgenden fast drei Stunden einrichten muss. Selge ist dabei so einsam und allein auf der Bühne wie die Figur, die er spielt. Es gibt nur François und die kreuzförmige Öffnung in der schwarzen Wand. Sie ist seine Hölle, seine Sofaecke, sein Bett, sein Aussichtsturm und seine Klosterzelle. Sie ist die Sorbonne, an der François lehrt, sie ist Paris, Frankreich, Europa. Das Kreuz aus Luft ist das ganze Abendland, das auf dem Spiel steht, denn es ist dabei, sich aufzulösen. Die Kraft, die darauf wartet, die Macht zu übernehmen, ist der Islam. (http://www.faz.net/aktuell/feuilleton/buehne-und-konzert/theater-houellebecqs-unterwerfung-in-hamburg-14057495.html) (letzter Abruf: Mai 2016)

Der vorliegende Kommentar ist darum bemüht, mit einem eher nüchtern-sachlichen Sprachgestus, d.h. deutlich abweichend von einer Diktion, die dem Rezipienten üblicherweise vom Feuilletonteil der Presse her geläufig ist, den einen oder anderen Gedanken zu dem Spiel mit „Schein und Sein", besser noch: mit „Lebensrealität und Schreckensvision", d.h. zu den in der Erzählerperspektive reflektierten teilweise grotesken Handlungskonstellationen, zu artikulieren und damit auch zur Diskussion zu stellen, soweit dies erwünscht ist und Möglichkeiten des Diskurses in der Folge aufgegriffen zu werden in Aussicht stehen.

Der Titel des in außergewöhnlicher Hinsicht als Monolog von gewaltiger Dimension präsentierten Bühnenwerkes weist auf etwas hin, was im Laufe der Handlung deutlich wird, nämlich die vermeintliche Bereitschaft der französischen Bevölkerung, offensichtlich auch der Intellektuellen, einem politischen Regime von anfänglich noch nicht genau einzuschätzendem, dann aber von zunehmend sich als autoritär entpuppendem Habitus weitgehend einschränkungslos zu Diensten zu stehen. Es geht um eine Herrschaftsform, die gleichwohl durch das Votum der Bürger, sodann über eine bis dato unübliche Parteienkoalition, nämlich ein Bündnis der liberalen bürgerlichen Gruppierungen mit einer gemäßigt islamischen Partei – wie im Textvorspann bereits erwähnt -, an die Macht gekommen ist.

Die neue Regierung geriert sich kaum aufsehenerregend, sie wird von den Menschen wahrgenommen, als sei sie selbst, als sei auch das mit ihr verbundene Geschehen „das Normalste von der Welt". Die Politik, die jetzt betrieben wird, setzt Maßnahmen wie Muslimisierung von Schulen und Hochschulen, Verdrängung von Frauen aus den

3

Bereichen öffentlicher Arbeit, setzt Bekleidungsvorschriften und Polygamie durch, ohne dass sich hör- oder sichtbarer Protest gegen die Zunahme von Restriktion und Fremdbestimmung regt.

(vgl. http://www.schauspielhaus.de/de_DE/repertoire/unterwerfung.1052787) (letzter Abruf: Mai 2016)

Politik und Herrschaftsanspruch kommen eher sanft, sozusagen auf leisen Sohlen daher, eine besonders raffinierte Form, sich des Gemeinwesens zu bemächtigen, Abbau demokratischer Rechte voranzutreiben, Einschränkung von Freiheit und damit Disziplinierung und Reglementierung durchzusetzen. Im „Gehorsam" der Bevölkerung dürfte sich Angst widerspiegeln. Alle politischen Maßnahmen, die hier im Zeichen des Islam stehen und natürlich nicht ohne Weiteres vergleichbar sind mit Quotenregelungen, Steuererhöhungen und Mülltrennungsgeboten, wie es im einführenden Text auf der Webseite des Stückes heißt, werden - wie gesagt - hingenommen, bedingt durch Furcht vor bürgerkriegsartigen Auseinandersetzungen oder aus Angst, einer Herrschaft des Rechtsextremismus auf längere Sicht ausgeliefert zu sein. Die Bereitwilligkeit der Bevölkerung, gesellschaftspolitische Restriktionen, intoleranten Herrschaftsanspruch, Anpassungsbereitschaft einfordernde Reglementierungen, die auch im persönlichen Bereich wirksam werden, zuzulassen, zeigt auch, welch üblem, z.T. außengesteuerten, z.T. selbstverantworteten Verfallsprozess (Rechtsradikalismus immerhin durch Wählervotum!), um es ein wenig zugespitzt auszudrücken, zwei Qualitätsmerkmale des Menschen, nämlich Bewusstsein und Mentalität, anheimzufallen im Begriffe stehen. In einer Variation dieses Gedankens heißt es in der FAZ:

> Widerstand, und das ist die böseste Pointe von Houellebecqs rabenschwarzer Dystopie, sei von einem moralisch bankrotten Land wie Frankreich nicht mehr zu erwarten.
>
> (http://www.faz.net/aktuell/feuilleton/buehne-und-konzert/theater-houellebecqs-unterwerfung-in-hamburg-14057495.html) (letzter Abruf: Mai 2016)

Aber ist dies nun Realität, vor der vielleicht – hier mit den Mitteln des Theaters – zu warnen wäre?

Um es vorweg deutlich auszusprechen: Die Bevölkerung eines Landes, in dem die durch Namen wie Montesquieu, Rousseau und Voltaire repräsentierte Aufklärung entscheidenden Einfluss auf eine Revolution von weittragender Bedeutung ausgeübt hat, d.h. auf die Französische Revolution von 1789 und damit auf einen politischen wie gesellschaftlichen Umbruch, dem das Attribut „wegweisend" im gesamteuropäischen Kontext abzusprechen sich wohl verbieten dürfte, und dies trotz einer an den Namen Robespierre und seine Herrschaft geknüpften Horrorvorstellung hinsichtlich damaligen staatsterroristischen Handelns (la terreur) der Jahre 1793/94 – die Bevölkerung Frankreichs also, die letztlich – ausgehend von Paris – die Schreckensherrschaft Robespierres abzuschütteln imstande war, um es zugegebenermaßen ein wenig grob zusammenzufassen, die sich zudem ihrer politisch-gesellschaftlichen Identität über die Losungsworte „Freiheit, Gleichheit, Brüderlichkeit" immer wieder zu versichern versteht, dürfte aufgrund gerade der in Aufklärung und Französischer Revolution wurzelnden Traditionen fest zu den Werten von Freiheit, Demokratie und Rechtsstaat stehen, sodass eine Kapitulation, wie sie das vorliegende Bühnenstück insinuiert, wohl als eher unwahrscheinlich zurückgewiesen werden muss. Hier ist der vom damaligen französischen Premierminister Manuel Valls formulierte Ausspruch, der in den Bereich knapper einführender Darlegungen und zitierter Pressestimmen zum Theaterstück auf dessen Webseite Eingang gefunden hat, gerade in seiner Schlichtheit nicht von der Hand zu weisen:

Frankreich, das ist nicht ‚Die Unterwerfung', das ist nicht Michel Houellebecq!
(http://www.schauspielhaus.de/de_DE/repertoire/unterwerfung.1052787)
(letzter Abruf: Mai 2016)

Gleichwohl: Wenn die möglicherweise gar nicht so einfach zu ermittelnde eigentliche Aussage, d.h. die Kernbotschaft des wie gewöhnlich im Konkreten verhafteten Stückes, ins Allgemeine, mit entsprechender Umsicht in die Verallgemeinerung gehoben wird, wenn also - einfach gesagt - vom speziellen Fall abstrahiert wird, zeigt das von der Intendantin in einem Zeitungsinterview (Welt am Sonntag Nr. 5, 31.01.2016, Hamburg S. 1) mit dem Ausdruck „Gedankenexperiment" apostrophierte Theaterstück, wie klein der Schritt von einem liberalen Gemeinwesen zu einer Gesellschaft im Korsett einer „gelenkten Demokratie", um diesen derzeit gelegentlich verwendeten Begriff mit seinem Bezug auf zumindest halbwegs autoritär regierte Staaten zu verwenden, wie klein der Schritt, wenn der entsprechende Gedanke weitergeführt wird, möglicherweise auch zu politisch Radikalerem, nämlich Autokratie, Diktatur und Totalitarismus, letztlich sein kann, zumindest theoretisch.

So ist selbstverständlich generell nicht auszuschließen, dass sich in einer Bevölkerung, um es verallgemeinernd auszudrücken, Unachtsamkeit, Bequemlichkeit, Desinteresse, vor allem aber politische Apathie weiterhin ausbreiten, möglicherweise die Oberhand gewinnen, und dies mit gesellschaftspolitischen Auswirkungen in gewissermaßen variabler Anlehnung an das, was der Monolog, wie ihn der Solo-Darsteller Edgar Selge vorträgt, dem Theaterpublikum inhaltlich zu Gehör bringt. Die Gefahren, die sich mit politischer Interessenlosigkeit verbinden, sollten nicht unterschätzt werden; auf sie wird teilweise in den Sekundärtexten zum vorliegenden

Bühnenstück - wenn vielleicht auch nicht immer mit dem wünschenswerten Nachdruck - aufmerksam gemacht:

> Karin Beier setzt in ihrer sparsamen, nur ab und zu mit Musik untermalten Inszenierung, ganz auf ein Bild - das Kreuz - und die Wortgewalt ihres Schauspielers. Genau arbeiten Beier und Selge an den Nuancen und weisen so gewitzt hin auf die Verführungskraft der Bequemlichkeit und die Gefahr politischen Desinteresses. So wird auch dieser Abend - ähnlich wie der Roman - zu einem ebenso unterhaltsamen wie wichtigen Diskussionsbeitrag in einer Debatte, die nicht erst seit dem Anschlag auf "Charlie Hebdo" in Europa geführt werden muss. (http://www.ndr.de/kultur/Unterwerfung-mit-Edgar-Selge,unterwerfung130.html) (letzter Abruf: Mai 2016)

Gerade die jüngsten Ereignisse in Europa haben gezeigt, wie schnell sich Solidarität verflüchtigt, überdies inhumanes Denken an Boden zu gewinnen imstande ist; Rassismus, Antisemitismus und Ausländerfeindlichkeit, die sich inzwischen deutlich bemerkbar machen, auch die Errichtung von Grenzzäunen gegen Flüchtlinge, dies alles spricht, was eine „Tendenz zum Negativen" anbelangt, durchaus für sich. Zudem ist auch für Europa kaum auszuschließen, dass über demokratische Wahlen verstärkt Parteien und Politiker an die Macht gelangen, die letztlich durch Nichtbeachtung, gar durch Außerkraftsetzung demokratischer sowie rechtsstaatlicher Prinzipien ihren Herrschaftsanspruch auszubauen und zu verfestigen die Absicht haben. Man denke in dieser Hinsicht zunächst einmal an Vorkommnisse in unmittelbarer Nachbarschaft zu Europa, nämlich in der Türkei.

Übermäßige Begrenzung von Bildungsausgaben in der Vergangenheit, damit verbundener Abbau von Stellen auch im kulturellen Bereich, allgemeine Bewusstseinsfixierung auf technokratische Vorgänge und Lösungen in vielen Anforderungsbereichen der Gesellschaft, Ausdifferenzierung und Verfeinerung von Theorien einerseits, partielle Theoriefeindlichkeit in Alltagsdiskursen andererseits, erhebliche Ablenkung großer Teile der Bevölkerung durch theorieferne, bildungsneutrale und unpolitische Inhalte insbesondere in elektronischen Medien, all dies mag zu diversen Spaltungs- und Ausschlusstendenzen in der Gesellschaft führen, mag die Suche nach einfachen, häufig autoritär fundierten Lösungsansätzen herausfordern, nicht zuletzt aus Unkenntnis darüber, dass die sich im Zuge expandierender wissenschaftlicher Einsichten herausbildende Lebenskomplexität ihre gesellschaftliche „Antwort" gewissermaßen nur in einer ebenfalls differenzierten Sichtweise und vielseitig ausgerichteten Handlungsoption findet, das heißt in Problembewusstsein und Perspektiven, die Antinomien, überhaupt pluralistisches Denken mit einkalkulieren. Aber keinesfalls nur die Suche nach einfachen Lösungen für politische, soziale oder ökonomische Fragen und Sachverhalte, auch das in manchen Kreisen der Bevölkerung vorhandene Gefühl, auf der Seite von Verlierern zu stehen, sowie Politikverdrossenheit und die zum Teil an sie geknüpfte, gelegentlich vulgär artikulierte Politikerschelte haben ihren Ursprung vermutlich nicht allein in einer – gesamtgesellschaftlich gesehen - unterschiedlich, zumeist ungleich und ungerecht ausfallenden Verfügungsgewalt über materielle Ressourcen, sondern dürften auch auf die Zunahme von Verwissenschaftlichung vieler Lebensbereiche und die damit verknüpfte Steigerung von Komplexität auf der Sachebene sowie auf die sich damit wiederum verbindende Erhöhung von Leistungsanforderungen auf Seiten der Arbeitskraft, in diesem Zusammenhang auf Ängste, auf partielles Scheitern und Versagen zurückzuführen sein.

Dass aber ein Volk - und damit sei ein bereits erwähnter Gedanke noch einmal aufgegriffen -, welches als Träger einer auf Emanzipation ausgerichteten Revolution von Weltgeltung in die Geschichte eingegangen ist, sich hier nach Darstellung einer Bühneninszenierung anschickt, einer Regierung, die zunächst gemäßigt erscheint, dann aber verhältnismäßig schnell zunehmend primär unter dem Akzent islamischer Wertvorstellungen Politik von subtil – autoritärer Ausrichtung betreibt, - dass also die französische Bevölkerung sich anschickt, einer solchen Regierung das Aktionsfeld zu überlassen, und zwar geradezu lautlos, und dies vor allem aus Angst vor Rechtsradikalismus oder bürgerkriegsähnlichen Zuständen, ist ebenso bemerkenswert wie unwahrscheinlich. Auch wenn der Vergleich mehr als nur hinkt: Immerhin hat sich Frankreich mit einer starken Widerstandsbewegung im Zweiten Weltkrieg, der Résistance, gegen die deutsche Besatzungsmacht und das Vichy-Regime, das von P. Pétain geführt wurde, einen Namen gemacht.

Und im Allgemeinen?

Sollte man den Handlungsablauf des hier in Rede stehenden Theaterstückes in einer Art realer Grundlage verankert sehen, ihm realistische Qualität in eher abstrakter Hinsicht zuerkennen, dann wären natürlich die Ursachen tragender Handlungselemente, d.h. mancher inhaltlichen Position des vom Solodarsteller vorgetragenen Dialogs gewöhnlich in Anschlussdiskursen zu erörtern. Vorgänge in der Art, wie sie vom hier diskutierten Bühnenstück in spezifischer Weise zur Sprache und zur Anschauung gebracht werden, basieren in der Regel auf Erosionsprozessen, die zumeist schon seit Längerem dabei sind, sich auszubreiten, die den Bereich von Politik, Verwaltung, Gesellschaft, dort vor allem das Bewusstsein und Wahlverhalten der Bürger, erfasst und, offensichtlich bei einem größeren Teil der Bevölkerung – folgt man dem Duktus des Stückes - , zu einem Zurückweichen, letztlich zu einer Kapitulation vor autoritärem Herrschaftsanspruch sowie quasi-diktatorischer Einschüchterung geführt haben.

Auch wenn das Bühnenstück, um das es hier geht, als Gedankenexperiment zu deuten ist, wie es die Intendantin im bereits erwähnten Interview mit der „Welt am Sonntag" (s.o.) – wie gesagt - für richtig hält, und es in diesem Sinne nicht als Ausdruck ungebrochener Realität verstanden werden kann, so sollte es - und verallgemeinernd könnte man sagen: so sollte ein Werk wie das vorliegende, das einerseits einen an spekulativen Wägbarkeiten orientierten Handlungsablauf präsentiert, andererseits unter den Bedingungen spezifischer weltpolitischer Konstellationen Zeit- und Wirklichkeitsnähe suggeriert, sich dann gleichwohl auch den qualitätssichernden Erfordernissen, um es ein wenig zugespitzt auszudrücken, den empirischen Tatbeständen gewissermaßen, dem Maßstab von „wahrscheinlich" und „abwegig" stellen. Ob die westliche Gesellschaft „leicht und schnell und desinteressiert" (Welt am Sonntag, s.o.) ihre Grundwerte „anheimstellt", was nach den Worten der Regisseurin im angeführten Zeitungsinterview zu erwarten ist („Ich finde auch, dass Houellebecq, […], immer einen Schritt voraus ist. Die Geschichte holt ihn und seine Romane […] ein […]."), bleibt in der oben zitierten Formulierung des Gedankens eher fraglich, ist aber natürlich nicht auszuschließen.

Das vorliegende Bühnenstück verharrt insgesamt in einer Art Schwebezustand, gibt jedoch, wenn man so will, eine gewisse Grundtendenz zu erkennen, die sich mit den knappen Ausführungen, wie sie der entsprechenden Webseite des Theaters zu entnehmen sind, erläutern lässt:

> Houellebecqs boshafter Polit-Thriller richtet sich nicht gegen den Islam, sondern beschreibt den Kollaps der Kultur des Westens. Dieser Zusammenbruch ist das Ergebnis des schleichenden Verfalls sämtlicher kollektiver Bindungen, angeleitet von einem Bild der Welt, das von der Idee des Ichs beherrscht wird und so direkt ins ökonomische, soziale und moralische Desaster führt.
>
> (http://www.schauspielhaus.de/de_DE/repertoire/unterwerfung.1052787)
> (letzter Abruf: Mai 2016)

Damit wäre eine Grundaussage, sofern man sie sucht, zu fixieren. Trotzdem eignet dem Werk eine merkwürdige Offenheit im Sinne von Unverbindlichkeit, denn es ist mit seinen politischen Komponenten dem lebensweltlichen Diesseits verhaftet, rekrutiert seinen Inhalt aus Teilaspekten dessen, was sich in der Welt vor allem politisch derzeit anbahnt (Rechtsradikalismus!), ereignet oder was lediglich diskutiert wird, hat in manchen Zügen und Ausdrucksformen realistischen Zuschnitt und wird insofern auch auf seinen Wahrscheinlichkeitsgehalt hin rezipiert. Andererseits greift es im Verlauf der erzählten Handlung stark ins Spekulative aus und mündet in eine eher pessimistische, dabei phantasievoll ausgestaltete Zukunftsvision des Autors. Ein spektakulärer, gelegentlich sogar reißerischer Zug wirkt sich auf Gehalt und Struktur des gesamten Werkes keinesfalls qualitätssteigernd aus. Die hier angesprochene relative Unverbindlichkeit von Wirkung und Aussagekraft des Stückes wird auch in der Theaterkritik durchaus gesehen, teilweise mit ironischem Unterton kommentiert:

Hamburg liebt also die *Unterwerfung*. Wie kann das sein? Weil für alle etwas dabei ist! Auf der Bühne gibt es kein postdramatisches Diskurstheater, in dem sich die Schauspieler an Plot-freien Textflächen abmühen, keinen fünfstündigen Regietheaterwahnsinn, der sich zusammensetzt aus Deleuze-, Shakespeare- und *Rambo III* - Fetzen. Wer endlich mal wieder einen kulinarischen Theaterabend mit großem Bühnenbild und einem Premiumschauspieler sehen will: Bitte sehr!

[...]

Der eigentliche Grund für den Ansturm könnte aber noch anders motiviert sein: *Unterwerfung* ist ein Text, den sich jeder, gleich welcher Gesinnung er ist, als Bestätigung für seine ganz persönliche Weltsicht auslegen kann.

Im Verlauf des Abends kommen sowohl AfD-Sympathisanten als auch ihre ärgsten Feinde (Gutmenschen) auf ihre Kosten. Erstere können sich an einer Anti-Utopie erfreuen, die ihre finstersten Überfremdungsfantasien aufs Allerschönste auspinselt: das Land in den Fängen der Muslime und Kameltreiber, die unsere Frauen in eine Schleiereulen-Existenz zwingen. Endlich spricht's mal jemand aus!

Quatsch, entgegnet das linksliberale Stammpublikum, ihr habt wohl nicht gemerkt, dass der Houellebecq eure Ängste ganz böse-sarkastisch bloßstellt! Weil dieser François, dieser frauenfeindlich - misanthropische Wohlstandsasoziale sich nämlich nach Strich und Faden korrumpieren lässt und sich für ein bisschen Polygamie im Villenviertel dem islamistischen Regime an den Hals wirft. (http://www.zeit.de/2016/09/unterwerfung-michel-houellebecq-auffuehrung-schauspielhaus) (letzter Abruf: Mai 2016)

Michel Houellebecqs dystopischer Roman „Unterwerfung", der Anfang des vergangenen Jahres just zum Zeitpunkt der islamistisch motivierten Terroranschläge auf die Redaktion des Satiremagazins „Charlie Hebdo" erschien, schildert die fiktive Islamisierung Frankreichs nach den Wahlen im Jahr 2022. Den einen gilt er als bösartige, islamophobe Satire, den anderen als gespenstisch-genialische Prophezeiung. (http://www.faz.net/aktuell/feuilleton/buehne-und-konzert/theater-houellebecqs-unterwerfung-in-hamburg-14057495.html) (letzter Abruf: Mai 2016)

In einer recht differenziert argumentierenden Betrachtung zum Roman selbst heißt es:

In Bezug auf die Frage "Wer spricht?" treibt Houellebecq mit dem Leser somit ein veritables Katz-und-Maus-Spiel. In der Tat lockt er uns zunächst auf die Fährte, François, den Protagonisten des Romans, als eine Art Alter Ego des Autors zu lesen. Nicht zuletzt auch deshalb, weil der Text trotz seiner dezidierten Science – Fiction - Komponente streckenweise in einer hyperrealistischen Machart daherkommt.

[…]

Indem Houellebecq den Leser also einerseits auf die Spur schickt, seinen Antihelden als sein Alter Ego zu lesen, diesen andererseits aber wiederum als eine Art runtergerockten Wiedergänger Huysmans' inszeniert, entsteht ein literarisches Vexierspiel, bei dem der Leser zwischen realen Referenzen und ostentativ ausgestellter Literarizität durchaus mal die Übersicht verlieren kann. Houellebecq, […], mag ein Provokateur sein. Aber er ist mindestens ebenso ein literarischer Hasardeur, der mit den Erwartungen des Publikums spielt. (http://www.zeit.de/kultur/literatur/2015-01/michel-houellebecq-charlie-hebdo-roman) (letzter Abruf: Mai 2016)

Der Autor selbst äußert sich folgendermaßen:

Mein Roman ist zutiefst zwiespältig, man kann ihn wie eine verzweifelte oder wie eine hoffnungsvolle Geschichte lesen. (http://www.schauspielhaus.de/de_DE/repertoire/unterwerfung.1052787) (letzter Abruf: Mai 2016)

Dem Protagonisten zu Ehren, d.h. einem Akteur, dem die Rolle zugedacht ist, als einziger rezitatorischer wie mimischer Träger des gesamten Stückes mit einer Spieldauer von ca. zweieinhalb Stunden „in die Offensive zu gehen", seien hier einige Beispiele seiner Leistungswürdigung in den Medien wiedergegeben:

Edgar Selge liefert ab – und zwar auf allerhöchstem Niveau. Zweieinhalb Stunden bangt und barmt und flucht und zetert und schwitzt und spottet er, turnt auf einem sich drehenden riesigen hohlen Kreuz herum und erzählt dabei, […].

Edgar Selge ist famos. (http://www.zeit.de/2016/09/unterwerfung-michel-houellebecq-auffuehrung-schauspielhaus) (letzter Abruf: Mai 2016)

10

Hamburger Abendblatt

Dieser Abend heißt Edgar Selge. Großartig, bewundernswert, mitreißend, was der Schauspieler da in zweieinhalb Stunden Soloperformance in „Unterwerfung" am Schauspielhaus zeigt. Eine Sternstunde des Theaters.

Stern

Selge schafft es, das Schauspielhaus an diesem Abend zum kulturellen Mittelpunkt Europas werden zu lassen. Ein Schauspieler, vor dem man sich tief verneigen möchte – kommt man je wieder aus dem Klatschen heraus.

Süddeutsche Zeitung

Haltung muss alleine Edgar Selge liefern. Und der liefert. Durch das feine Changieren zwischen den Rollen des Autors, seiner Figur und des Darstellers erspielt sich Edgar Selge genau die ironische Distanz, die es braucht, um Houellebecqs im Kern unrealistische Konstruktion vom Untergang des Abendlandes als Komödie zu sehen.

(Drei Zitate:
http://www.schauspielhaus.de/de_DE/repertoire/unterwerfung.1052787)
(letzter Abruf: Mai 2016)

Es wäre wünschenswert, wenn das Theaterstück gerade aufgrund seiner relativen, wie auch immer zu bewertenden Interpretationsoffenheit nicht zuletzt auch in politischer Hinsicht noch länger auf dem Spielplan bliebe - so z.b. in der kommenden Saison nach der Sommerpause - und es insofern die Gelegenheit bekäme, die weitere Entwicklung der hier angedeuteten sowie der sich anschließenden Fragen und Probleme aus seiner spezifischen Perspektive zu begleiten, überhaupt als Instanz zu fungieren, die zu manchen sachbezogenen Reflexionen weiterhin Anlass bietet. Das vorliegende Bühnenstück trägt – dies sei noch einmal betont, mag bei entsprechender Kenntnis aber auch nicht verwundern - durch Inhalt und Anlage in besonderem Maße zu kontroversen Diskussionen bei. Es liefert mit den in dieser Hinsicht vorauszusetzenden Anregungen zur gesellschaftsrelevanten Gesprächsbereitschaft generell, sodann insbesondere durch seine zumindest latent „mitschwingende" Mahnung zur Einsicht in die Notwendigkeit argumentativen Streitens in einem sanktionsfreien Raum gerade bei Themen provokanten Charakters - eine solche Notwendigkeit wird keineswegs allerorten als unzweifelhaft angesehen - selbst einen nicht zu unterschätzenden Beitrag zur „Diskurswelt" eines demokratisch-liberalen Gemeinwesens.

Norderstedt, d. 05.05.2016; vereinzelte Korrekturen April 2018; alle Zitate mit den entsprechenden Quellenangaben wurden unverändert aus der ersten Auflage von 2016 übernommen
Michael Pleister

„Zuwanderung, Demokratie und Rechtsstaat": Eine Verlautbarung

Es besteht die Gefahr, dass die ursprüngliche Begeisterung der Flüchtlinge in der Bundesrepublik über die zunächst wohlwollende Aufnahme durch das Land im Herbst 2015 einer nicht unerheblichen Ernüchterung weicht, möglicherweise in Missmut, Resignation, gar Feindseligkeit umschlägt, wenn weiterhin rassistische Propaganda, Hasstiraden und Anschläge auf Wohnanlagen von Migranten das gesellschaftliche Klima vergiften. Selbstverständlich tragen auch all diejenigen, die in krimineller Weise in die vor noch nicht allzu langer Zeit diskutierten Vorfälle am Kölner Hauptbahnhof während der Silvesternacht 2015/2016 involviert waren, und natürlich auch jene Migranten, die sich anderorts, und dies nicht nur in besagter Silvesternacht, strafbarer Handlungen schuldig gemacht haben, zu entsprechenden ausländerfeindlich gestimmten Reaktionen in der Bevölkerung bei. Ausländerfeindlichkeit wiederum, gar Rassismus ist „Wasser auf die Mühlen" rechtspopulistischer sowie rechtsradikaler Parteien, deren Anhänger und Sympathisanten mit entsprechender Propaganda, vor allem mit Hasskommentaren u.a. im Internet aus ihrer Menschenverachtung keinen Hehl machen. Auch die in den Koalitionsgesprächen zur Regierungsbildung vor ca. zwei Monaten vereinbarte Kontingentlösung im Hinblick auf die Regelung des Familiennachzuges für subsidiär geschützte Flüchtlinge ist mit der insbesondere von dezidiert konservativer Seite in den entsprechenden Verhandlungen durchgesetzten Zahl von 1000 Nachzugsberechtigten pro Monat bei einer offiziell geschätzten Gesamtzahl von ungefähr 60000 Personen, die für einen Familiennachzug in Frage kommen, kaum anders als kümmerlich zu nennen. Eine solche Minimallösung ist letztlich skandalös und wirft ein bezeichnendes Licht auf den partiellen Zynismus einer Wohlstandszivilisation.

Gleichwohl: Gelingende Integration dürfte Bedingung, wenn auch nicht gleich Garantie für Gewaltverzicht auf allen Seiten sein. Die deutsche Bevölkerung sollte sich aufgefordert fühlen, durch Freundlichkeit und Hilfsbereitschaft gegenüber Migranten, vor allem durch aktive sowie sachkundige Mitwirkung an den Aufgaben der Integration – dies sei besonders betont - die Voraussetzungen dafür zu schaffen, dass die hiesige Gesellschaftsordnung insgesamt und damit Demokratie, Rechtsstaatlichkeit sowie humanistische Werte gerade für die Zukunft auch unter den Migranten ebenso intellektuell wie emotional engagierte Träger finden. Dass die Zuwanderer über Aufnahmebereitschaft seitens der deutschen Bevölkerung und eine weitgespannte Integration für die Qualitäten eines aufklärerisch-humanistisch fundierten Gemeinwesens notwendigerweise zu interessieren und zu gewinnen sind, wird für unsere Gesellschaftsordnung in den Strukturen von Demokratie und Rechtsstaat überlebenswichtig sein. Zudem kann sich nur über die Aufnahme von Kontakten, durch Bekanntschaften und Freundschaften auf längere Sicht ein gedeihliches Miteinander der Menschen gerade in einer verstärkt pluralistisch geprägten Gesellschaft entwickeln. Ein kategorisch auf Gelingen von Integration ausgerichteter permanenter Prozess mit dem begleitenden Ergebnis einer pazifizierten menschlichen Gemeinschaft wird das Fundament des gesamten europäischen Wertesystems liefern, das durch kulturelle wie religiöse Einflussfaktoren geprägt, insbesondere bekanntermaßen – wie auch oben bereits angedeutet - von Errungenschaften der Aufklärung durchdrungen ist. Rechtspopulistische Umtriebe mit nicht unbeachtlichem Zuspruch vonseiten der Bevölkerung gerade in manchen Staaten Europas geben dem Gedanken einer Bedrohung von Demokratie und Rechtsstaat eine realistische Note.

Schneller, als vielen Menschen vermutlich bewusst ist, gerät ein Gemeinwesen, das sich durch differenzierte, balancierte, geradezu „sensible", auf Freiheit und Menschenrechte zielende Strukturen auszeichnet, in nicht zu unterschätzende Gefahr. Die Bewahrung, auch die gegebenenfalls anzustrebende Weiterentwicklung demokratischer sowie rechtsstaatlicher Standards erfordert

Wachsamkeit der menschlichen Gemeinschaft in ihrem Pluralismus insgesamt, d.h. Rechtsstaats- und Wertebewusstsein sowie Engagement eines jeden einzelnen Gesellschaftsmitgliedes.

Die Bevölkerung nicht nur in Deutschland, sondern in ganz Europa – und dies sei mit Blick auf das zuvor kommentierte Theaterstück noch einmal gesagt - ist letztlich gefordert, wenn es im Rahmen von Demokratie und Rechtsstaat um den Erhalt von Liberalität, Toleranz und offener Gesellschaft geht.

Und schließlich: Die oben in der hier vorliegenden Verlautbarung skizzierten Zusammenhänge, überhaupt die in Entstehung begriffenen Vorgänge und Entwicklungen auf dem Feld von Gesellschaft und Politik in eher umgrenzten Bereichen sollten wie üblich auch im Kontext von Wandlungen und Veränderungen gesehen werden, deren Inhalt, Struktur und Auswirkungen in einer bei rasantem Tempo weiterhin über Austauschbeziehungen zusammenrückenden sowie durch vielfache Mobilität gekennzeichneten Welt zu permanenten Bestandteilen der Lebensrealität, teilweise zu globalen Problemen, zu dauerhaften Phänomenen in ubiquitärer Dimension gewissermaßen avancieren. Jene Veränderungen werden die Menschheit - soweit absehbar - vor große Herausforderungen stellen und der Bevölkerung auch in Europa im Hinblick auf mögliche Einschränkungen von Demokratie, Rechtsstaat und Liberalität vermutlich manche, wenn nicht sogar schwere Sorgen bereiten. Die Digitalisierung, um abschließend eines der folgenreichsten Beispiele für „Weltveränderung" durch Menschenhand zu benennen, schreitet mit teilweise erschreckenden Auswirkungen voran. So wird es in China bis 2020 nach Medienberichten ca. 600 Millionen Gesichtserkennungskameras geben, dies mit der unweigerlichen Folge einer Zementierung von Diktatur und Unterdrückung durch totale Überwachung. Schätzungen zur Anzahl der in China jährlich vollstreckten Todesurteile belaufen sich auf Tausende, zudem handelt es sich bezüglich verifizierbarer Zahlen in diesem Zusammenhang um ein chinesisches Staatsgeheimnis. Was bedeutet all dies vorwiegend zukünftig für andere Länder und Regionen, für Gesellschaft und Individuum insgesamt? – Die viel beschworene Digitalisierung wird nicht nur zu den zivilisatorischen Errungenschaften, sondern neben Klimawandel, Aufrüstung, Krieg und Zerstörung, Armut, Flucht und Vertreibung auch zu den globalen Problemen und möglichen „Kataklysmen" gehören, deren Auswirkungen auf Lebenschancen und Leben von Kindern und Kindeskindern - aus heutiger Sicht gesagt – in ihrer Schwere noch gar nicht abzuschätzen sind.

Norderstedt, im April 2018   Michael Pleister

(Profil des Autors: www.MichaelPleister.de)

BEI GRIN MACHT SICH IHR WISSEN BEZAHLT

- Wir veröffentlichen Ihre Hausarbeit, Bachelor- und Masterarbeit

- Ihr eigenes eBook und Buch - weltweit in allen wichtigen Shops

- Verdienen Sie an jedem Verkauf

Jetzt bei www.GRIN.com hochladen und kostenlos publizieren